À nous, la joie de vivre !

Du même auteur

Aux éditions Philippe Rey

L'Évangile selon saint Loubard (repris chez Points)
L'Évangile, une parole invincible (repris chez Points)
Rallumez le feu! (repris au Livre de Poche)
Et si on parlait de tes mômes?
Réussis ta vie!
Mes plus belles prières
Ose l'amour!
Face à la souffrance
Lutte et aime, là où tu es! (repris chez Points)
La magie des animaux
Apprends à pardonner
Cœur de prêtre, cœur de feu (repris chez Points)
La vieillesse, un émerveillement
Petit guide de prière
Éveilleur d'espérance
Le couple
Occupe-toi des autres!
Vagabond de la bonne nouvelle (repris chez Points)
Le bonheur
Nos fragilités
Jésus, un regard d'amour (repris chez Points)
L'humilité
La nuit s'approche, l'aube va arriver
Aime à tout casser! (repris chez Points)
Les sept sacrements
Prends le temps de vivre
Vie de combat, vie d'amour (repris chez Points)
La foi
La famille
En cœur à cœur avec Dieu
Les sourires de Dieu
La messe, un enchantement déserté
Bouge-toi, la vie est belle!
Les adolescents
Les saints
La solitude
Les femmes et l'Église
Aimer plus qu'hier, moins que demain
Les grands-parents, trésors irremplaçables

Suite en fin d'ouvrage

Guy Gilbert

À nous, la joie de vivre !

Mettons de la lumière
dans notre quotidien

Philippe Rey

Si tu veux m'écrire, fais-le par le biais de mon éditeur.
Si tu savais comme tu m'aides en me critiquant ou en m'engueulant. Ma plume alors s'enrichit.
Merci.

Ton frère

7, rue Rougemont - 75009 Paris

www.philippe-rey.fr

INTRODUCTION

À la recherche de la vraie joie

Il y a trente-trois ans, j'ai connu Alain, il avait dix-huit ans.

C'était un mec solide, travailleur. Beau gosse et amoureux, il venait d'avoir un gamin. C'était sa joie.

Yann, son garçon, faisait sa fierté. Huit jours après sa naissance, sa femme lui dit : « Je pars avec le petit. » Bouleversé, Alain met le nouveau-né à côté de lui dans son lit et, armé d'un fusil, tente de se suicider. Il se tire une balle dans la tête, et se retrouve paralysé totalement du côté gauche.

Sa femme partie avec son gosse, il fait la manche dans le métro pour survivre. Il y passe trente-trois ans, boit comme un trou et fume un paquet de cigarettes par jour. Définitivement, son lieu de vie se fixe là, dans le métro.

Il vient me voir quand il le sent, c'est-à-dire à n'importe quelle heure du jour et de la nuit. Il met une heure pour venir de la station Riquet jusque chez moi : trois cents mètres de lent calvaire…

Il connaît plein de gens dans le métro. Il tend la main et remercie chaque fois que quelque chose tombe dedans. Si une personne ne le regarde même pas en passant, elle a le droit à un « Sale pute, va te faire foutre », en guise de salut… amical.

Les relations entre SDF peuvent être d'une extrême violence. Combien de fois, écrasé de fatigue et s'endormant pour quelques heures, il est fouillé et volé des trois sous et tickets-restaurant que je lui ai donnés…

Un jour, deux abrutis le réveillent et le brutalisent. Devant son refus de donner un peu de son fric, les agresseurs le frappent si violemment que sa seule jambe valide est fracturée. Il est opéré et, deux jours après, se barre de l'hôpital dans son fauteuil roulant, la jambe plâtrée. Il se réfugie dans le métro où il y a toujours des gens pour l'aider à descendre les escaliers avec son fauteuil.

Il va de temps en temps à l'hôpital, d'où il s'échappe systématiquement au bout de quelques jours : direction le métro !

Il y a un mois, il est hospitalisé pour un cancer de la gorge. Là, bloqué, il ne peut plus s'échapper. Sa faiblesse est immense.

Je vais lui rendre visite et vis de merveilleux moments avec lui. Et puis le confinement arrive. Impossible de le revoir. Il meurt, seul, après avoir reçu le sacrement des malades, donné avec quelle tendresse !

Alain me fascinait par la joie qui l'habitait. Même dans les pires moments, il avait les yeux rieurs et toujours une boutade. Il m'a souvent dit qu'il priait pour moi tous les soirs. La dernière fois que je l'ai vu, la veille de sa mort, son regard joyeux me fascinait encore. Jamais une plainte.

Il n'a jamais revu son fils Yann, en trente-trois ans.

Sa vie cauchemardesque m'a marqué plus que n'importe quelle vie des jeunes dont j'ai la charge. Il était le cœur de mon cœur.

Sa joie dans les pires moments me rappelait saint Paul, qui a dit : « Soyez toujours joyeux » (1 Thessaloniciens 5,16).

Jeune, je lisais ces trois mots étonnants. Je pensais alors qu'il était impossible de les vivre.

Alain m'a apporté une réponse fulgurante à travers sa vie où sa joie était permanente malgré une trajectoire particulièrement massacrée.

Il était mystérieusement habité par celui qui est « Amour ». Et qui est la joie de ma vie.

Distinguer la joie du plaisir

La vraie joie n'est pas une sensation épidermique, elle est plus qu'un bien-être psychologique. Elle n'est jamais possessive. Elle donne davantage qu'elle ne prend. Elle consiste à demeurer dans la vérité, la bonté et la beauté. Souvenez-vous de ce passage de saint Paul : « Le fruit de l'Esprit, c'est l'amour, la joie, la paix, la patience, la bonté, la bénignité, la fidélité, la douceur, la tempérance » (Galates 5,22).

Il cite d'abord l'amour, et puis la joie. Je médite très souvent ce passage.

À propos de la joie de l'âme, Descartes écrivait qu'elle était « une bienfaisante émotion de l'âme ».

Nous devons distinguer la joie du plaisir. Ces deux réalités sont proches, quasi jumelles. Le plaisir est bruyant, un peu brouillon, il s'agite comme des vaguelettes sur la mer… La joie est claire et forte, stable comme une plante d'eau sur un étang. Le plaisir est passager, je tente de m'y accrocher. La joie authentique m'est donnée, elle est une bénédiction, elle a quelque chose de divin, quelque chose d'éternel parce qu'elle vient d'en haut.

Où diable cachez-vous votre joie ?

C'est certain, il y a du moisi dans l'Église. Nietzsche avait des paroles très dures : « Vous, chrétiens, si votre foi vous rend heureux, montrez-vous donc heureux. Vos têtes sont encore plus tristes que vos pensées. Si le message joyeux de votre Bible était marqué sur vos visages, vous n'auriez pas besoin d'exiger de manière aussi obstinée notre foi en l'autorité de ce livre. »

Et Gandhi d'ajouter : « Si j'avais vu dans les chrétiens le visage du ressuscité, je serai devenu chrétien. »

Quant au très catholique Bernanos, j'aime beaucoup sa diatribe : « Lorsque vous sortez du confessionnal, vous êtes en état de grâce. Eh bien, que voulez-vous, il n'y paraît pas beaucoup ! Nous nous demandons ce que vous faites de la grâce de Dieu.

Ne devrait-elle pas rayonner de vous ? Où diable cachez-vous votre joie ? »

L'Église occidentale manque souvent de joie. Au cours des eucharisties que je fais, je vois parfois des assemblées pétantes de joie où les fidèles chantent à gorge déployée, et d'autres fois des assemblées mornes, des chants à peine murmurés…

Lorsque les gens chantent, je les salue et je les remercie. Je préfère cela aux chorales. Je les aime bien, les chorales, mais elles n'incitent pas à participer ; les fidèles écoutent et admirent, comme au concert. Un concert pendant une messe n'est pas une prière.

Un jour à la fin d'une messe, je disais au directeur de la chorale : « Ta chorale était belle mais interminable. La messe n'était que des chants super-préparés mais trop longs. Pas une minute de silence pour adorer le Christ. Chanter, c'est prier deux fois, OK, mais aujourd'hui on n'a fait que chanter sans prier. »

Exprimer son allégresse

On peut lire dans les notes de retraite de Paul VI : « Dieu est amour, telle est la vérité. C'est ce que nous enseigne aussi l'Évangile. Je crois en un Dieu tout-puissant. Je suis aimé par Dieu. Joie, joie, larmes de joie. »

Ces phrases sont une variante de ce que Blaise Pascal a écrit. Pourtant, Paul VI ne respirait pas tellement la joie. Il n'avait pas une figure très avenante. Il était d'un tempérament intériorisé et n'exprimait pas ses émotions comme le fera son successeur Jean-Paul Ier. Mais à chacun son charisme.

Même si on n'est pas obligé de porter un masque de joie, comme les membres d'une secte, soyons un peu plus souvent visiblement dans l'allégresse. Avec des temps de silence pour écouter le Seigneur et lui parler dans son cœur.

La miséricorde

Nous possédons cette part merveilleuse de joie : la miséricorde. Elle nous met en état de joie permanente car, malgré notre côté pécheur, nous sommes certains que Dieu nous aime. Simplement, nous avons une apathie spirituelle très forte. On cherche, on bavarde… Où mettrai-je Dieu dans ma vie ? se demande-t-on. Mais Dieu doit être simplement au centre de notre vie. Et cela dès le matin. Alors notre joie intérieure sera profonde, en dépit de toutes les difficultés de la journée.

Quand je prends le métro, je vois la plupart du temps des visages tristes. Comme ces transports sont pénibles ! Les touristes étrangers qui passent à Paris disent toujours : « Comme ils sont sinistres, ces Parisiens dans les transports en commun ! »

En revanche, je me souviens qu'à l'occasion des JMJ à Paris, il y eut une explosion de joie dans les métros, les bus, partout. C'était fantastique de voir ces milliers de jeunes parlant aux gens, chantant, animant des rames entières.

Il faudrait une JMJ tous les mois à Paris !

Les remèdes

Je vois parfois des jeunes afficher cette tristesse incroyable, et je me demande où ils ont pu puiser une telle tristesse. Alors que d'autres connaissent des moments de joie toute la journée, quoi qu'il arrive. Je me souviens de l'enthousiasme de Nasser à la Bergerie. Ce gosse avait eu de très grandes difficultés dans son enfance, mais il trouvait toujours une boutade heureuse qui égayait la communauté. Il avait ce don fabuleux.

Et pourtant, quelle vie de chien il avait vécue !

La première recette de la joie est de puiser dans les choses simples et naturelles de l'existence. Et puis de mitonner à feu doux.

Vivre dans le présent, d'abord. Nous sommes souvent engloutis, perdus dans notre passé ou préoccupés par l'avenir. Alors nous manquons les joies de l'instant présent. Nous ne voyons pas le temps qui passe. Retranchés dans le passé ou projetés vers le futur, nous n'éprouvons que remords ou craintes.

Manger est un plaisir, boire aussi (avec modération évidemment), et goûter le bonheur dans son travail... Perdre sa vie à gagner de l'argent dans un travail que l'on n'aime pas est difficile et usant. Quand je demande aux personnes que je rencontre si elles aiment leur travail, une sur deux me répond, hélas, que non.

À la fin d'une conférences devant des jeunes, j'ai fait une expérience intéressante. L'échange fini, j'ai accepté de discuter avec ceux qui me le demandaient. Avant de les écouter, je leur ai posé une question : « Que désirez-vous faire de votre vie ? » La plupart m'ont répondu : « École de commerce. »

La ville efface souvent le désir que les jeunes couvent en secret. L'appel du fric y est en général prioritaire. Au contraire, généralement la province appelle à l'humanité d'abord.

Un autre jour j'échangeais avec des jeunes filles d'un collège particulièrement huppé. Quelques-unes étaient même attendues à la sortie par un garde du corps… Je soutenais au maximum leur désir d'une fonction qui leur permettrait d'être heureuses.

Cinq ans après, je reçois une lettre d'une jeune fille présente à cette rencontre : « Merci, Guy, d'avoir suscité en moi le courage de vivre autre chose que ce que voulaient mes parents. Le soir même, je me suis disputée avec eux. On habitait un immeuble de grand standing, au 7e étage, on a dû nous entendre jusqu'au rez-de-chaussée ! Mon père voulait que je devienne ingénieur, comme lui. J'ai affirmé mon opposition absolue. Je voulais être éducatrice spécialisée. Je le suis maintenant. Merci, Guy, de m'avoir permis d'être heureuse en vivant ce que je voulais réaliser depuis longtemps, et que je ne pouvais exprimer à mes parents. »

Je préfère renvoyer les jeunes à leurs rêves parce que leur famille n'est capable le plus souvent de ne leur parler que d'argent. En réfléchissant à leurs vrais désirs, ils ont un moment de flottement. Alors je les aide : « Fais ce que tu as rêvé de faire, parce que c'est là que tu trouveras la joie et la fierté d'être un homme ou une femme debout. »

1
Ma joie de voir éclore les jeunes

Mon travail d'éducateur me donne tant de joie, malgré les difficultés extrêmes auxquelles je suis confronté. Accueillir la masse informe d'un adolescent pour sculpter, lentement, l'être humain qu'il est, et qu'il ignore, c'est un travail d'orfèvre. Et, comme vous le devinez, un travail de longue haleine. C'est un travail strictement humain. Mais, si je n'avais pas ma foi de chrétien pour penser que ce jeune est un être de lumière, il y a longtemps que j'aurais baissé les bras !

Il faut aussi parler de mon équipe : dix-huit compagnons, dont douze salariés et six bénévoles. Composée de musulmans, de chrétiens, d'athées et de bouddhistes, elle me soutient énormément. Elle est non confessionnelle. Et j'y tiens. L'amour, le partage, le sens de l'autre n'appartient pas aux seuls chrétiens.

Ce qui m'aide à agir ? Deux armes redoutables : l'amour humain et l'Amour de Dieu. Ils me permettent à quatre-vingt-cinq ans de continuer à croire absolument que l'espérance rend tout possible. Que pour former un être rien n'est jamais perdu.

Le jeune et l'animal

À la base de ma méthode éducative, dans notre Bergerie de Faucon en Haute-Provence, je favorise l'échange entre les jeunes et les centaines d'animaux que nous y avons.

Le jeune et l'animal, c'est un lien étrange et mystérieux. Chez mes loubards, naît un nouveau regard sur la Création. Puis un nouveau regard sur l'homme. Au milieu d'une centaine d'animaux, répartis en une trentaine d'espèces, ces jeunes sauvageons qui nous sont confiés vivent avec des bêtes. La magie opère à cent pour cent depuis des décennies. Le projet n'a pas pris un poil blanc, pas une ride. Comme des centaines d'autres avant lui, le prochain jeune qui nous sera confié s'occupera dès son arrivée de la nourriture des bêtes sans se rendre compte qu'il est déjà en train de changer. À l'instant même où il s'engouffrera dans la relation avec les animaux, il continuera à crier haut et fort qu'il ne bossera pas plus ici qu'ailleurs. Mais aussitôt il prendra des seaux de grain et ira nourrir les autruches, les daims et les poules.

En plus, les jeunes s'émerveillent de voir les animaux de races différentes se mêler harmonieusement. Si tous les humains savaient adopter ces comportements, le monde sentirait bon.

Il est vrai que les animaux n'ont pas de religion, n'appartiennent à aucune nation, ne s'affichent pas propriétaires d'une culture, d'une civilisation ou d'une race. Autant d'obstacles sur lesquels bute l'humanité.

La bête a cet avantage incontestable d'être citoyenne du monde animal. Totalement libre et s'enrichissant de sa différence avec l'autre.

À méditer…

Des pétards et des sangliers

Mes jeunes vont voir les sangliers d'abord pour les nourrir. C'est avec joie qu'ils les caressent en même temps. Caresses si les bêtes les désirent (alors elles se mettent sur le ventre) mais pas du tout si elles n'en veulent pas. Là, elles grognent et se cassent.

Mais ces bêtes charmantes et parfois dangereuses, ils les voient aussi de temps en temps pour une autre raison que l'apport de victuailles. Nos jeunes, intoxiqués par la cigarette et fumant beaucoup avant leur arrivée à la Bergerie, sont astreints à trois cigarettes par jour à Faucon. Parfois ils trichent et vont vers ces bêtes apprivoisées pour fumer en douce d'autres cigarettes. Rarement des pétards, qui leur sont absolument interdits. Et s'ils le font, c'est vers les enclos des sangliers, juste derrière la ferme, qu'ils se dirigent. À la grande joie de ces bêtes, qui viennent naturellement au bord du grillage pour chercher les caresses sur le mufle.

Ce ne sont pas les bêtes qui les dénoncent... mais les jeunes qui, une fois pris en flagrant délit, nous disent où ils ont fumé, avant de recevoir la sanction qui tombe obligatoirement. Celle-ci est soit écologique, soit domestique ! Pour la corvée de vaisselle, par exemple, la joie des jeunes n'est pas évidente !

Des hommes à aimer

Ne vis pas sur cette terre
À la façon d'un locataire
Ou bien comme en villégiature
Dans la nature.

Vis dans ce monde
Comme si c'était la maison de ton père.

Crois aux grains,
À la terre, à la mer,
Mais avant tout, crois à l'homme.

Aime le nuage, la machine et le livre,
Mais avant tout, aime l'homme.

Que tous les biens terrestres
Te prodiguent la joie.
Que les quatre saisons
Te prodiguent la joie.
Mais avant tout, que l'homme
Te prodigue la joie!

Nazim Hikmet

Deux prophètes pour une ruine

Premier prophète de la joie

« Achète une ruine où tu veux loin de Paris, on la rebâtira avec nos mains et de vraies pierres. » Cette phrase jetée par un de mes jeunes en 1970 n'allait pas passer aux oubliettes. Surtout que la suite de la phrase explique tout : « Loin de la drogue, de l'alcool qu'on nous sert dans les bars et des batailles qui suivent à la sortie des bistrots. » Tout était dit. Je pars très vite à la recherche de la ruine désirée. Et je prends un agent immobilier à Fréjus. Il me guide dans un rayon de deux cents kilomètres vers des maisons bourgeoises (colonnes à l'entrée et deux cents mètres carrés de terrain) ou vers d'autres bâtisses trop petites, trop grandes… Mais aucune ruine.

L'agent immobilier, excédé par le vacarme des jeunes qui nous accompagnent, leur achète un régime de bananes, englouti à la vitesse de l'éclair ! Je vois soudain sur la route un clochard qui boite. Tout en continuant à conduire je fais cette réflexion à l'agent : « J'aurais dû m'arrêter pour le prendre. – Pas question, me dit-il, on fonce chercher la maison. » Furieux, je stoppe le véhicule.

« Pour l'instant je m'en fous de la baraque, c'est ce clochard boiteux qui m'intéresse. » Et je recule d'un bon kilomètre pour le prendre en charge dans mon camion. Il monte, dégageant une odeur qui fait fuir les jeunes au fond du véhicule. Et suscite un silence enchanteur.

Quelques kilomètres plus loin le vagabond me demande de le laisser sur la route. Ce que je fais. Alors que je l'aide à descendre, il me tend une carte postale usée représentant une rose, et il ajoute :

« Vous la trouverez, la ruine que vous cherchez. » Je repère ses yeux bleus et lumineux dans son masque sale. Ce n'est que longtemps après que j'ai pensé : c'était l'ange du Seigneur qui nous visitait. J'ai gardé sa carte postale des années sur mon bureau à Paris.

En fin d'un parcours long et mouvementé j'ai acheté une vieille maison habitable près du village de La Palud-sur-Verdon, dans les gorges du Verdon. Pour le compte d'une association laïque « La maison de la Villette » où j'étais éducateur spécialisé dans le XIXe à Paris. Ce n'était pas une ruine. Mais je désirais suivre la vision du premier prophète et j'ai continué à chercher ce que le jeune avait rêvé.

Deux ans après j'apprends qu'une propriété est à vendre non loin de La Palud, à Rougon. Je vérifie immédiatement où elle se situe.

Émerveillé, je découvre cette ruine. Une très belle ruine. J'en ramasse aussitôt une pierre plate et la place sur mon bureau à Paris à côté de la carte postale offerte par le vagabond. Je fonce à la mairie de Rougon et note les coordonnées de la propriétaire. J'atterris à Marseille pour la rencontrer.

Je demande à un homme bien mis de m'accompagner, un inspecteur de la SNCF, portant beau. Nous arrivons chez la propriétaire qui avait quitté sa bergerie depuis soixante-dix ans. Devant mon look peu ecclésiastique (blouson de cuir pas très catho, pin's et médailles…) elle salue l'inspecteur d'un bref et onctueux : « Bonjour, mon père. » Ce dernier me désigne du doigt : « Non, le curé c'est lui. » J'entends encore cette vieille chrétienne s'exclamer : « Quelle horreur ! » On entre dans le salon et la discussion s'engage, courtoise, prudente. Je suis de plus en plus écouté par la doyenne, finalement ravie que cette maison abandonnée serve à des jeunes difficiles. Je laisse cinq mille francs d'acompte et, trois mois après, j'achète la ruine et son terrain de cinq hectares.

La ruine et le terrain s'appelaient « Faucon », le nom du lieu-dit. Sans doute dû aux faucons qui pullulent dans cet espace anciennement agricole.

En 1983, neuf ans après, je l'inaugurais avec le maire du village et cimentais la première pierre de la maison. Sur cette pierre plate trouvée le jour de la découverte de la ruine j'ai placé une vierge cassée et réparée par un jeune musulman. Il l'avait dénichée dans une poubelle et, écœuré, il l'avait réparée et me l'avait offerte. C'est « Notre Dame de Faucon », mise à l'entrée de la Bergerie. Elle veille sur celles et ceux qui l'habitent, très discrètement. Je l'ai cimentée moi-même le jour où j'ai inauguré la ruine enfin devenue maison. Statue signe de la protection de Marie et de l'universalité des jeunes qui allaient l'habiter. Souvenir ému des dizaines de ceux qui l'ont construite selon le vœu du premier prophète. Merveilleux était le regard des dizaines de jeunes qui ont construit ce lieu selon la pulsion de l'un d'entre eux. La plupart ont près de soixante ans maintenant. Ils savent mieux que personne qu'une phrase peut créer l'espérance et la vie.

Deuxième prophète de la joie

La ruine valait cinquante mille francs. Je n'avais pas un sou. J'avais prêché dans une église de Clermont-Ferrand et, à la sortie, une sexagénaire m'accoste et me dit : « J'ai épousé un docteur. Craignant que je l'aie choisi pour son argent, il me l'avait caché. Il vient de mourir en laissant une petite fortune. Je voudrais vous en faire bénéficier. »

Ma réponse arriva, nette et militante : « Fais-en bénéficier les membres de ta famille, je ne prends rien, aucun argent après les messes. Mais s'il t'en reste tu peux m'envoyer ce que tu voudras. » Deux mois plus tard elle m'envoie cinquante mille francs. Le prix de la ruine de Faucon !

Avant d'acheter cette propriété j'avais discuté avec des jeunes devant l'amas de pierres et rêvé tout haut : comment cette maison qui n'avait qu'un étage en aurait trois, avec une tour.

Un jeune me dit : « Mais comment tu trouveras l'argent ? » Un autre lui rétorque : « Je ne crois pas en Dieu, mais je sais que ton Dieu à toi aime les pauvres. C'est lui qui enverra l'oseille. »

Le jeune, incroyant mais convaincu de l'aide du Dieu des chrétiens, était le deuxième prophète de la joie.

Histoire de zoothérapie

Sur le terrain mon instinct d'agriculteur se manifeste. Tournesols, blé, avoine, remplissaient les deux hectares cultivables. Mon grand-père agriculteur aurait été si heureux de voir son petit-fils labourer, semer, herser et récolter les maigres résultats dus à son inexpérience. Quelques bêtes très aimées des jeunes naissent sur cette terre. J'ai découvert avec joie notre outil de travail prioritaire. La zoothérapie commençait. Les animaux se multipliaient et il fallait agrandir le terrain. On passe en effet des cochons aux sangliers, des chèvres aux lamas et aux dromadaires, des poules, aux faisans et aux paons… et bien sûr des chats aux chiens. Le manque de terres pour ce peuple d'animaux qui a besoin d'espace me pousse à chercher des terres nouvelles. Et celles-ci arrivent très vite sans me causer de soucis. De nombreux fils et petits-fils de propriétaires de plusieurs parcelles autour de « Faucon » veulent se débarrasser de leurs terrains. Je découvrais là la rapacité de certains d'entre eux, mais aussi cette expérience fort belle qui m'a marqué. Je demande à un voisin de pouvoir acheter une terre de deux cents mètres carrés qui jouxtait notre propriété. Refus radical. Avec cette phrase offensante : « Je ne vendrai jamais ma terre à ce soi-disant prêtre en blouson noir. » J'ai renouvelé ma demande durant plusieurs années et chaque fois obtenu le refus catégorique du propriétaire.

Un jour je reçois cette lettre surprenante venant du même propriétaire : « J'accepte absolument de vous vendre ma terre, ayant découvert en vous un vrai prêtre derrière son blouson noir. » Il ajoute un P-S : « Au fond, je ne vous la vends pas, je vous la donne pour vos jeunes. »

C'est ainsi qu'année après année j'ai pu acheter dix hectares de terre autour de Faucon. Les bêtes peuvent maintenant s'ébrouer dans les parcs où elles vivent, se baignent et boivent à satiété.

Cent vingt bêtes de vingt races différentes constituent la zoothérapie. « Les bêtes ne mentent pas et ne trichent pas. Elles rendent ce qu'on leur donne. » C'est le dicton préféré de nos jeunes. Et leur présence le matin à 8 h 30 sur le perron de la ferme est la première consigne qui leur est adressée le lendemain de leur arrivée. Cette heure fixe est sacrée. Si elle est dépassée, une sanction simple tombe : « Tu feras le soir la vaisselle de tous. » Ce dont ils ont horreur.

Dingue des sangliers

Un jour, j'ai dû dire à un mec de foutre le camp parce qu'il était insupportable. Il fallait vraiment qu'il parte, qu'il quitte la communauté parce qu'il ne respectait pas le règlement et qu'il faisait chier tout le monde.

Il me répond : « Je t'en prie, Guy, je veux voir grandir les six derniers petits marcassins qui viennent de naître. Rien que pour ça je me tiendrai bien, c'est promis… » Et le mec change ! Il est tellement dingue des sangliers qu'il modifie totalement son comportement ! Alors, avec mon équipe, on l'a gardé quelques mois de plus à la ferme.

Texte d'un ancien qui encourage d'autres à partager

Merci, Guy !!

Je venais d'arriver à la Bergerie de Faucon depuis quelques jours à peine. La campagne provençale, la ferme, les animaux, tout ça était encore nouveau pour moi. Petit gars de la ville plein de prétentions, je n'avais à l'époque pas plus de quatorze ans.

L'un des jeunes me fit visiter le terrain pour me présenter les animaux. Nous marchions, nous parlions, en jetant des pierres à tour de rôle, peut-être pour évaluer discrètement la force de l'autre. Puis l'un des projectiles a atteint, malencontreusement ou non, la baie vitrée de la salle de jeux. Une seule option s'offrait à nous, nier en bloc la moindre implication et fuir la scène de crime.

Bien entendu, la supercherie n'eut pas effet bien longtemps, car ce jour-là, nous n'étions que deux jeunes sur la propriété. La liste des suspects potentiels fut déjà considérablement réduite, au grand bonheur des compagnons, les éducateurs de Faucon.

Après nous avoir entendus chacun notre tour sans qu'aucun ait avoué, les compagnons décidèrent de nous sanctionner tous les deux, et ainsi nous en apprendre un peu plus sur la vie en communauté. La sentence tomba donc, mise aux travaux d'intérêt général parmi les plus fastidieux du site, les enclos à sanglier…

Je me mis à hurler mon innocence, ne comprenant pas l'injustice à laquelle je venais d'assister. Fou de rage, l'autre jeune tapait des poings par terre, clamant aussi son innocence. Impossible de me rendre à l'évidence, il me restait encore une solution à exploiter, le père Guy Gilbert… L'homme que j'avais rencontré à Paris quelques semaines plus tôt, lui seul était susceptible de me croire, et ainsi réparer cette terrible erreur.

J'ai donc pris sur moi en attendant de le voir et j'ai commencé à creuser. Nous devions dégager la dalle de béton d'un enclos vide, enseveli sous plusieurs mètres de terre, d'argile et de roches. Un arbre, qui poussait là depuis quelques décennies, était prisonnier de ce mélange boueux jusqu'aux feuilles de ses premières branches. Un travail de titan qui, pour un jeune bon à rien comme moi, semblait impossible à réaliser.

Quand le prêtre Guy Gilbert arriva à son chalet, je partis le voir, bien décidé à défendre ma cause une bonne fois pour toutes. Il me reçut, me demanda de lui rouler une cigarette avec son tabac, un Drum bleu dans une vieille boîte en métal, puis il m'écouta. À peine avais-je commencé mon discours sur la décision des compagnons de nous punir tous les deux qu'il me stoppa net ! Il ne voulait plus en entendre davantage, il ne voulait même pas savoir qui avait réellement brisé cette vitre.

Il m'a simplement dit, en me pointant du doigt :

« Écoute-moi bien, mon bonhomme, on t'a donné un job, et ce job, tu vas le faire ! Vous avez une semaine et quand ce sera fini, je veux que le sol de l'enclos soit tellement propre que je puisse y prendre mon café : est-ce que c'est bien clair ? »

Il n'eut pas besoin de se répéter, ses mots résonnèrent dans ma tête comme une énorme cloche de cathédrale. Guy Gilbert ? Prendre son café sur une dalle dans un enclos à sangliers ? À ce moment-là, je n'ai pas compris ce qu'il voulait réellement de moi, mais il me testait, il voulait voir de quoi j'étais capable. La seule chose à laquelle je pensais était de l'imaginer dans un enclos, une tasse à café à la main, avec une pancarte « curé des loubards » devant lui.

« Tu vas vraiment venir avec ta tasse et ta cafetière ? » lui dis-je, pour voir sa réaction.

Il me répondit en me regardant droit dans les yeux, dans un air de défi : « Tu sais, moi, mon gars, je n'ai pas une parole de pute… »

L'autre jeune et moi, nous avons travaillé des jours durant, parfois éclairés à la lampe torche, après les dernières lueurs du crépuscule. Sous la pluie, sous le vent, de la boue jusqu'aux oreilles. Nous nous sommes raconté notre passé, nos expériences, nos vies en dehors d'ici et ce qu'il en était de notre famille véritable. Nous avons ri à n'en plus pouvoir, nous nous sommes relayés pour travailler quand l'un ou l'autre n'en pouvait plus. Un compagnon ou un jeune venait nous filer un coup de main, puis racontait une ou deux blagues avant de nous laisser. J'ai même réussi à marchander une vaisselle contre quelques coups de pelle.

Puis le travail a fini par être achevé et mon intégration ici aussi.

Quand j'ai commencé à creuser, j'étais avec un jeune que je connaissais à peine. À la fin, quand j'ai posé ma pelle et contemplé mon travail : j'étais avec un frère.

À peine la dalle fut nettoyée que l'on installa une table et une chaise, c'était le grand jour. Guy vint, comme promis, boire son café sur la dalle qui venait d'être nettoyée au jet d'eau. Il s'assit sur la chaise dans l'enclos encore humide, et regarda calmement ses paons exécuter leurs danses gracieuses dans les volières d'en face. Il resta un moment, me félicita pour mon travail tout en restant très modeste, puis me demanda s'il pouvait compter sur ma présence à la messe de Rougon. Je lui répondis que oui, il pouvait compter sur moi, comme aujourd'hui.

Intérieurement, je me suis dit que, comme lui, je n'avais pas une parole de pute.

Ce jour-là, ce ne fut pas la confiance que Guy mit en moi qui m'apporta le plus, mais la confiance que je mis enfin en moi-même.

Merci, Guy !

Esthévan

2
Apprenons à être joyeux

Le climat influe sur notre humeur, mais ce n'est pas parce que le temps est triste qu'il faut faire la tronche. Il ne s'agit pas de masquer un sentiment, il s'agit de ne pas le faire supporter aux autres. J'aime les gens qui arrêtent subitement de se plaindre en disant : « Il y a plus malheureux que moi. »

Pour la bonne humeur, faites de la marche ! Une demi-heure au minimum, quel que soit le temps. C'est très mauvais pour la santé de rester assis plusieurs heures de suite, surtout à ressasser ses problèmes. Ce conseil s'adresse particulièrement aux personnes âgées. Bougez-vous ! Je fais du sport régulièrement, surtout depuis mon AVC. À mon âge, il n'est pas question que je reste dans un fauteuil. La météo est changeante, vous ne savez plus sur quel pied danser ? Dansez quand même ! Balayez la déprime, sortez de chez vous, sortez de vous-même !

Cultivez l'égalité d'humeur !

Quand je suis entré au séminaire en 1948, j'étais d'humeur vagabonde : un jour ça va, un jour ça va pas. Je changeais de face, comme la lune, j'en voulais souvent aux autres. Malheureusement, lorsqu'on se met en colère contre quelqu'un, c'est que l'on est également en colère contre soi. On se rend compte qu'on a un peu perdu les pédales.

Aussi faut-il maîtriser l'« égalité d'humeur ». Au séminaire, on nous le disait souvent : « Cultivez l'égalité d'humeur ! Soyez toujours joyeux. » Nous connaissons tous dans notre entourage une personne douée d'une grande douceur. Voyez combien elle est apaisante, comme elle crée l'harmonie, comme elle unit et appelle à faire de même. Qui peut résister à sa douceur joyeuse ?

Le pari de la douceur

Nous avons tous tendance à nous juger sévèrement, à nous blâmer pour nos insuffisances, nos défauts. Or il est urgent de bien s'aimer.

Le Seigneur a prononcé cette phrase que j'aime infiniment : « Je suis doux et humble de cœur. » Il l'a mise en exergue dans ce magnifique hymne à l'amour : « Bienheureux les miséricordieux, bienheureux les doux… » Il savait qu'un être doux gagne les cœurs.

Parmi les saints, François de Sales était considéré comme le maître de la douceur. Son visage, ses yeux, ses paroles et ses actes rayonnaient, affirmaient ses contemporains. Quand on lui reprochait d'aller trop loin, il répondait que la douceur est une des plus belles fleurs de la charité.

Puissiez-vous cultiver cette fleur magnifique !

Du beau temps par tous les temps

Souvent le mauvais temps est en nous. On n'en finit pas de taper sur l'autre, de souligner ses tendances négatives. Bûchez alors votre égalité d'humeur : chez une personne, attachez-vous à sa part de cristal, même si c'est difficile, surtout si c'est difficile. Il faut avoir l'œil mystique, spirituel. Au besoin, demandez à votre ange gardien d'adoucir la situation. Croyez-moi, nous pouvons trouver du beau temps partout, et par tous les temps.

Même des catastrophes, vous pouvez en tirer quelque chose, sinon de « bon », en tout cas de profondément humain. Je suis chaque fois soulagé de voir combien de vagues de solidarité naissent des catastrophes. Par exemple, le dernier ouragan qui a balayé les Antilles.

Autre exemple : le coronavirus qui, au moment où je termine ce livre, nous atteint de plein fouet et qui suscite une belle solidarité.

Goûter à la beauté du monde

Tout va trop vite. Il est urgent de prendre le temps de la lenteur.

Comment contempler la mer, me direz-vous, si l'on pense aux milliers de migrants engloutis dans le cimetière marin de la Méditerranée ? Comment siffloter en taillant ses rosiers, si l'on pense au bruit des bombes en Syrie ? Vouloir se retirer dans le silence est difficile dans une grande ville : on entend tous les jours parler d'agressions, si l'on n'est pas soi-même victime.

Voilà pourquoi, depuis des années, je me retire régulièrement dans un couvent. C'est un moment merveilleux. J'arrive à 3 heures du matin. L'été, quand il fait beau, j'en profite pour m'asseoir en pleine nature et écouter les rossignols, les hiboux. Je dis : « Seigneur, ma prière, c'est eux. C'est cette nature magnifique, l'odeur des arbres... » Je prends systématiquement deux jours tous les dix jours pour cette retraite. Je loge dans un vieux chalet où l'on entend grignoter et gambader les souris. C'est superbe. Je dis la messe aux oiseaux et aux chiens.

Prenez le temps, vous aussi ! Vous avez bien de la famille, des amis qui peuvent garder vos enfants quelques jours. Lâchez tout ! Des moments de silence permettent d'apprécier la vie. Ce temps de retraite est inestimable.

Vivre dans le présent

J'entends des anciens ou des anciennes, fixés sur leur passé, remâcher leurs souvenirs. Le Seigneur nous appelle à vivre éperdument chaque seconde. Nous en avons 86 400 à vivre chaque jour. Comment les passons-nous ? Vivre dans le présent est une culture que j'ai apprise tout petit dans l'Évangile. J'ai ce que j'appelle ma théologie des vingt-quatre heures. Je ne suis pas un exemple, mais voilà comme je vis.

Je me lève à midi, parce que je me couche tard. Lorsque je me réveille, je dis au Seigneur : « Aujourd'hui, je vais essayer de faire ceci. Devance-moi, accompagne-moi ou reste derrière moi, mais ne me quitte pas. » Ensuite, je lis l'Évangile. Je relève une phrase ou quelques mots qui me frappent et je les écris sur un Post-it que je colle sur mon paquet de clopes. Ainsi, je suis sûr de le voir cinq ou six fois par jour et je me remémore la pensée qui m'a frappé le matin. Il arrive que des jeunes, pendant une conférence, me demandent quelle pensée est écrite sur mon paquet de cigarettes. Voici celle du jour : « Je n'ai de repos qu'en Dieu seul. »

À trop penser au passé ou au futur, on oublie de vivre. On vit comme si on n'allait jamais mourir. La seule manière d'en sortir est de savourer l'instant présent.

N'oubliez pas nos deux prières. D'abord le « Notre Père » : « Seigneur, donne-moi aujourd'hui le pain de ce jour. » Et puis le chapelet : « Prie pour moi, maintenant et à l'heure de ma mort. » Le royaume de Dieu se trouve dans l'instant présent.

Vivez la merveille de l'instant présent. Toutes les minutes, j'essaie de les passer dans l'amour de Dieu.

Aimez à fond, vivez pleinement les heures présentes, investissez-vous. Hier n'est pas meilleur, demain on ne sait pas. Vous avez été créés pour une seule journée : celle d'aujourd'hui.

> *Ce qui est passé a fui, ce que tu espères est absent, mais le présent est en toi.*
>
> Proverbe arabe

Le bonheur, c'est maintenant

Si nous positionnons notre bonheur dans le futur, nous n'arriverons jamais à rien. Le bonheur est maintenant ou il n'est pas. Voici à ce propos une histoire rapportée par un médecin :

« Une femme me racontait dans mon cabinet, en consultation, que quand elle était jeune elle rêvait de se marier. Elle pensait : "Comme je serai heureuse quand je serai mariée." Elle se maria, mais elle n'était pas vraiment heureuse.

« Elle pensait : "Comme je serai heureuse quand j'aurai un enfant." Elle en eut un, mais ça ne lui suffisait toujours pas pour être heureuse.

« Elle pensait : "Peut-être que je serai plus heureuse avec trois ou quatre enfants." Lorsqu'elle eut ses quatre enfants, elle se retrouva avec beaucoup de travail et peu de repos. Elle n'était pas vraiment heureuse.

« Elle pensa : "Peut-être que ça ira mieux quand ils seront plus grands et que j'aurai plus de temps pour moi." Lorsqu'ils eurent grandi, arrivèrent d'autres soucis. Elle se dit alors : "Je serai plus heureuse quand ils seront partis, car je me retrouverai avec moi-même et mon mari. J'aurai plus de temps pour moi." Et puis, lorsqu'ils furent partis de la maison, elle sentit un grand vide. Elle n'était toujours pas heureuse. Elle avait alors un travail très prenant et peu de temps disponible. Elle se dit : "Je serai certainement plus heureuse en retraite."

« Une fois la retraite arrivée, son mari est tombé malade. Lorsqu'elle est venue me voir, elle avait soixante-cinq ans. Elle n'était pas heureuse et regardait sa vie passée en se posant des questions. Vu qu'elle avait eu à peu près tout ce qu'elle avait souhaité dans sa vie, pourquoi n'avait-elle pas trouvé le bonheur ? »

Je pense que son erreur fut de ne jamais goûter le présent.

Silence

Accomplissez votre tâche lentement, avec l'attention qu'elle mérite. « Hâtez-vous lentement », disent les montagnards. Commencez par remplir les tâches les plus simples avec amour, dans la durée et le calme, et vous vivrez d'extraordinaires expériences. Ne bâclez rien. Lorsque vous mangez, savourez chaque bouchée. Vos amis vous rendent une visite ? Ne les recevez pas à la va-vite. Le premier curé que j'ai eu à Blida prenait le temps de peser chaque mot. Le tout arrosé de silence. Le silence dégage les essentiels de notre vie.

Vos forces, vous les trouverez dans le silence et la prière plus que dans les épinards ou je ne sais quel « complément alimentaire ».

Apprivoiser la solitude

Être seul, ne serait-ce qu'un quart d'heure par jour, est une priorité absolue. Le silence et la solitude sont liés. Je parle évidemment de la bonne et belle solitude. J'aime beaucoup cette citation de frère Roger de Taizé : « En tout homme et femme se trouve une part de solitude, qu'aucune intimité humaine ne peut combler. Pas même l'amour le plus fort entre deux êtres. Qui ne consent pas à ce lieu de solitude connaît la révolte contre les humains, contre Dieu, contre lui-même. »

Emplir sa vie de solitude, de méditation, de temps pour soi renforce la personnalité et permet de solidifier ses certitudes. Ne pas supporter d'être seul déstabilise et empêche de s'affirmer pour affronter la vie à deux ou en société.

Soyez sages

Il est temps pour vous de devenir des êtres sages : pas ennuyeux, bardés de contraintes, mais libres, respectueux d'eux-mêmes et des autres, sincères, joyeux, amoureux du monde et de sa beauté. Des êtres qui prennent le temps de vivre.

Nos contemporains hypnotisés par les biens de la société de consommation sont infiniment malheureux. Incapables de résister aux mirages offerts par la publicité, ils sont pris dans une course effrénée à la consommation à laquelle ils se croient obligés de participer.

Pensées négatives

« Le bonheur humain est composé de tant de pièces qu'il en manque toujours », disait Bossuet. Mais gardons-nous de voir le verre à moitié vide.

Développer une relation positive avec soi-même est important. Il faut trouver les endroits où l'on est bien. S'encourager, surtout. Nous passons notre vie avec nous-même : il faut nous accepter, aimer l'être que nous sommes.

L'enfer n'est pas les autres, mais il peut être soi-même si on se méprise, si on se délaisse, si on ne prend pas soin de sa propre personne. On ne peut ensuite que projeter ses pensées sur les autres.

Méfiez-vous des médias : ils en rajoutent, ils électrisent les populations par des nouvelles catastrophiques qui annoncent la fin imminente de notre société, l'écroulement de notre économie : la crise, la crise, la crise…

Il est urgent de ne pas céder à ces prophètes du malheur, de résister à leurs pensées négatives.

Dictature de l'argent

Ce n'est pas en gagnant plus d'argent qu'on devient heureux. Je me souviens d'un jeune qui adorait travailler le bois, mais qui souffrait et se plaignait sans cesse que sa paie ne soit pas plus importante. Quant à son patron, chic type mais petit artisan, il ne pouvait vraiment pas l'augmenter. Un jour, j'ai conseillé au jeune de ne pas seulement couper et raboter son bois, mais de le sculpter. Pour le même salaire, il s'est lancé dans ce travail supplémentaire, et sa vie est devenue formidable !

Si l'on en fait un dieu, l'argent devient un maître tyrannique qui assèche le cœur, rend sourd et aveugle. Une des raisons principales du malheur, c'est cette course effrénée pour gagner toujours plus. Prenez vos distances avec l'argent, retrouvez vos espaces de liberté. Entrez dans une démarche de partage.

Apprenez le don aux autres, la générosité sans limite. Renoncez à vos rêves fondés uniquement sur le gain, le bénéfice et le profit. Le monde du « moi-d'abord-et-les-autres-je-m'en-fous » ne peut que vous rendre tristes et sombres.

Goûtez à la beauté du monde

La beauté, si on ne la voit pas, on l'invente. La présence unique d'une personne est comme la beauté d'une fleur. Les roses d'un massif et leur parfum, comme les joues d'un nouveau-né. Je suis également ébahi devant la beauté de cette intelligence humaine qui a su construire Notre-Dame de Paris, la cathédrale de Reims, la mosquée d'Istanbul, qui a peint les fresques de la cathédrale d'Albi...

La beauté vous donne la paix. Henri Bergson disait : « [...] c'est la grâce qui se lit à travers la beauté, et c'est la bonté qui transparaît sous la grâce. »

Depuis que je suis tout petit, la nature m'éblouit. Je suis franciscain dans l'âme. Je passerais des heures à contempler un champ de fleurs ou un paysage du haut d'une montagne. Je n'irai malheureusement pas jusqu'à faire comme saint François. Un jour, un pêcheur de la région de Rieti lui offre une tanche prise dans un lac. François la remet à l'eau en recommandant au poisson de ne plus se laisser prendre.

Développez vos cinq sens

Nous vivons avec cinq sens sans y prêter attention. Je crois que nous devrions les rapprivoiser, et mieux les protéger.

Sachons nous en servir avec un maximum d'efficacité.

L'odorat est un sens souvent négligé. Il en existe sept catégories. Il est très difficile de décrire une odeur à quelqu'un qui ne l'a jamais sentie. L'odorat est inexplicable et mystérieux.

L'odeur nous submerge. Je me souviens parfois d'une odeur qui arrive sans que je m'y attende : l'odeur des tartines grillées de mon enfance, que faisait mon grand-père, me revient chaque fois qu'en Provence, au bord de la cheminée, j'approche un morceau de pain du feu avant de faire fondre dessus un peu de beurre salé. Je retrouve mon enfance immédiatement et je me sens heureux.

Je mange peu. Je ne prends qu'un repas par jour, mais j'ai mes plats préférés. J'adore le pot-au-feu. Si, par bonheur, je me rends à dîner chez des amis qui m'ont préparé un bon pot-au-feu, je salive un kilomètre avant d'arriver ! Sentir l'odeur de la cuisine avant de déguster votre mets favori est un plaisir immédiat et sans pareil. Couper un fruit et le porter à sa bouche, croquer un chocolat, le faire fondre lentement et découvrir toutes les nuances de ses saveurs : bonheur tout simple, mais bonheur tout de même.

Et contempler des paysages, des couleurs, des fleurs !

Et quand les mains remplacent les mots… Notre peau est messagère d'une infinité d'émotions. Toucher et être touché pour ne pas devenir intouchable. Se toucher, se serrer n'est pas impudique. Le bébé raffole du contact. Il se blottit contre sa mère. Il a tant besoin d'être câliné, caressé.

Sentir la douceur d'un tissu sur sa peau ou la fluidité de l'eau en nageant dans la rivière, apprécier la consistance de la neige… tant de sensations qui rendent heureux.

Savourer la joie

Une malade, dans un hôpital tenu par des sœurs, fit cette réflexion intéressante : « Nous avons l'impression que nous leur servons de marchepied pour aller au ciel ! »

Un mec me demande un jour : « Pourquoi tu m'aimes ? » Il m'avait tellement importuné ! Je lui réponds : « Écoute, je t'aime. T'es une ordure et tu m'as vraiment baisé la gueule. Si Dieu n'existait pas, il y a longtemps que je t'aurais dit de dégager et de ne plus respirer mon oxygène à moins d'un kilomètre de moi. C'est grâce à Dieu que je t'aime malgré tout. »

Réponse du mec : « J'aime pas être aimé par personne interposée ! »

Il voulait dire que Dieu n'avait rien à faire là-dedans. Alors que pour moi, sans Dieu qui est amour, il ne nous serait pas permis de durer. Il ne s'agit pas d'aimer par pitié ou par devoir. Rien n'est pire. Mais d'aimer d'un amour pur et vrai.

Acceptons le plaisir de la réussite et la récompense de la joie. Quand un de mes jeunes s'en sort, je me dis : « Seigneur, il m'en a fait baver, ce mec », mais quelle joie de savoir qu'on a permis à quelqu'un de se libérer !

3
L'espérance d'être ami de Dieu

En lisant l'Évangile à treize ans, j'avais retenu cette phrase du Christ : « Soyez toujours joyeux. » Mais comment être toujours joyeux ?

Des définitions de la joie et du bonheur, il y en a des milliers. En réponse à la question : « Le bonheur parfait selon vous ? », l'abbé Pierre disait : « L'espérance d'être ami de Dieu. Mais le plein bonheur est impossible si, comme moi, vous ne fermez pas les yeux sur la souffrance de milliards de gens, dans le présent et dans les siècles passés. »

La joie de la Résurrection

J'entends parfois certains me confier : « Mon père, j'en ai tellement vu dans ma vie… » Bah oui ! Je pourrais dire la même chose. Mais la carte d'identité du chrétien, c'est la joie : la joie de l'Évangile. Il existe aussi une forme de joie dans la Croix et dans les souffrances de la vie. Nous, chrétiens, faisant confiance à Jésus et vivant dans l'espérance, nous ne pouvons vivre sans joie.

Un jour, quelqu'un m'a déclaré qu'il ne pouvait pas croire en un Dieu qui permettait tant de souffrances. Un jeune à côté de moi lui a répondu : « Moi, c'est à cause de cela que je crois en Lui, car, quand je me tourne vers Lui en disant : "Qu'est-ce que Tu fiches ?", le Seigneur me répond : "Et toi, qu'est-ce que tu fiches ?" »

La joie peut éclater en toutes circonstances. Même, de façon surprenante, à l'occasion d'un enterrement. Je me souviens de celui d'un jeune, une cérémonie magnifique. Toute l'église chantait à plein cœur. Ses copains jouaient à la guitare, pour animer la messe, des morceaux qu'il aimait, et ont accompagné le cercueil jusqu'à la tombe.

C'était triste évidemment d'enterrer un enfant de quinze ans, mais la joie de la Résurrection était là.

Au sujet des disparus, un grand mystique soufi a dit : « Quand vous nous chercherez, cherchez-nous dans la joie car nous sommes les habitants du monde de la joie. » Nous pouvons en dire autant, nous chrétiens. Si nous pensons vraiment que l'autre est parti en Dieu, il est dans la joie de Dieu.

L'épreuve est une joie puisqu'elle produit en nous la persévérance. À la fête de l'Assomption, Marie nous invite à partager sa joie. Elle est montée directement au ciel. Le Seigneur a voulu saluer sa pureté infinie, sa bonté et sa joie. Elle a pourtant vécu terriblement : elle a vu les ovations accompagnant le passage de son fils, mais aussi les critiques, les menaces, les insultes et surtout le calvaire. Or le Seigneur a voulu qu'elle parte joyeusement.

Décentrons-nous

Je sais que la joie se crée dans l'allégement, dans la pauvreté matérielle, mais aussi grâce à la richesse spirituelle, à la prière.

Pour reconnaître l'action de Dieu dans sa vie, il faut se décentrer de ses soucis personnels. Nous sommes trop imbibés de nos problèmes intérieurs, de questions sur notre avenir, celui de nos enfants, sur notre travail qui prend une place considérable. Notre culture consumériste nous rend très malheureux car il nous en faut toujours plus, et plus encore, sans cesse les nouveaux modèles : c'est la tyrannie de la mode.

Il est urgent de prendre nos distances.

À Faucon, la communauté fait réunion après le repas du soir pour « solder » la journée, régler les comptes, s'alléger avant la nuit et repartir à neuf le matin. Un moment unique. Retenir les bons moments le soir venu, éliminer le gras. Ça aide à faire passer tout ce qui coince et s'accumule dans nos corps fragiles.

> *Nous pouvons devenir contagieux de la joie, notamment de la bonne nouvelle de l'Évangile.*
>
> Madeleine Delbrêl

Un fruit précieux de la vie, meilleur que tous les jardins de clémentines ou de roses, c'est l'Esprit Saint – qui est à cultiver et à cueillir.

Essayez de rencontrer des êtres pétants de joie, ce sont des rayons laser qui vous illumineront. Vous ferez l'expérience que le partage de cette joie, loin de vous appauvrir, dilatera votre cœur. Vous serez alors les nouveaux évangélisateurs par la joie.

Vous pouvez demander à la Vierge Marie de prier pour vous et de vous aider à vivre cette joie. Si vous êtes branchés sur le Christ, vous serez toujours dans la joie.

L'huile de la joie profonde

Le pape François a demandé aux chrétiens de ne pas rester fermés sur eux-mêmes : « Sans la joie de la beauté, le travail pour le bien devient une laborieuse recherche de l'efficacité pour l'efficacité, comme on le voit chez de nombreux activistes débordés. On dirait même qu'ils cachent la réalité derrière un linceul de chiffres au lieu de l'oindre de l'huile de la joie profonde qui transforme les cœurs, un à un, depuis l'intérieur. »

> *La vraie joie est d'abord intérieure, elle est reconnaissante, elle est action de grâce.*
>
> Frère Roger de Taizé

Le premier miracle que le Seigneur a fait, c'est de transformer l'eau en un vin superbe. Il a commencé par la fête. Il n'a pas débuté en disant à un mort : « Allez, lève-toi ! » Non, il a créé du pinard, et le meilleur, dit l'Évangile ! Le Seigneur avait le sens de la joie.

Fréquenter par la lecture les saints et les témoins, c'est extraordinaire. On peut dire que la joie de l'Évangile remplit le cœur de tous ceux qui rencontrent Jésus. La vie des saints est une mélodie merveilleuse. Elle peut insuffler de l'inspiration et apporter beaucoup de confort dans notre vie. Vous pouvez écouter des chants de louange dans votre voiture. Vous pouvez, en faisant vos courses, fredonner un « Alléluia ».

Dans la souffrance et le deuil

Vous pouvez tomber, bien sûr. Mais vous serez capable de vous relever, c'est certain, en restant proche du Christ grâce à une foi intense, cultivée tous les jours. La confiance naîtra, elle ne fera que croître et fructifier.

Il est si beau d'entendre Jésus nous dire : « Soyez dans la joie et l'allégresse, car votre récompense sera grande dans les cieux. »

Paul Claudel ne disait-il pas que nous n'avons d'autre devoir que la joie ? La joie dont parle Jésus est celle que l'on éprouve au milieu des insultes, des calomnies et des persécutions. Si vous vivez dans la souffrance, dans les difficultés de toutes sortes, vous devez garder la joie, c'est ce qu'il nous dit. Comment pouvons-nous comprendre cela ?

Comment, dans les souffrances et les deuils, pouvons-nous garder la joie ? Sans doute parce que la faim de bonheur est inscrite dans nos gènes, parce que notre soif d'amour est inextinguible.

Est-ce que la foi peut transcender la douleur ? J'ai vu des gens mourir, terriblement angoissés. Mais j'ai aussi vu des gens mourir avec un sourire. Ils savaient qu'ils allaient entrer dans le paradis de l'amour.

Samuel, vingt-quatre ans, met fin à ses jours. Le drame laisse la mère à peine vivante. Mais la présence de Jésus est plus forte que la mort. Elle dit elle-même : « J'ai fait l'expérience de sa rencontre à trente ans. Mais ce n'est qu'à la mort de Samuel que j'ai ressenti ce lien éternel. » Elle répétait alors sans cesse, comme un mantra : « Jésus. »

Un autre mec, Éric, m'a dit : « On m'avait annoncé que la maladie dont je souffrais était mortelle dans 5 % des cas. J'étais relié à des machines, je ne pouvais plus bouger, mais c'est pourtant dans cette situation que j'ai vécu le dharma, l'enseignement de Bouddha. En moi tout était exactement à sa place. J'étais dans une joie profonde. Je me suis dit : “Si je suis comme cela au moment de ma mort, je n'aurai pas passé mon temps en vain.” »

> *La joie intérieure réside au plus intime de l'âme. On peut aussi bien la posséder dans une obscure prison que dans un palais.*
>
> Sainte Thérèse de Lisieux

Je pense que la joie que j'ai connue sur terre est grande, malgré d'innombrables souffrances. Car je continue à penser que le Seigneur est à mes côtés, au-dessus de moi, devant moi et derrière moi. Je vis une joie intense, même si je ne souris pas à chaque seconde.

Les dix commandements de la joie

1. La joie à Dieu demanderas,
Chaque matin fidèlement.
2. Calme et sourire montreras,
Même en cas de désagrément.
3. En ton cœur, tu te rediras :
« Dieu qui m'aime est toujours présent. »
4. Sans cesse, tu t'appliqueras
À voir le bon côté des gens.
5. La tristesse tu banniras
De toi impitoyablement.
6. Plainte et critique éviteras ;
Il n'est rien de plus déprimant.
7. À ton travail, tu t'emploieras
D'un cœur joyeux allègrement.
8. Aux visiteurs réserveras
Un accueil toujours bienveillant.
9. Les souffrants réconforteras
En t'oubliant totalement.
10. En répandant partout la joie,
Tu l'auras pour toi sûrement.

Gaston Courtois

La vérité d'un verset

Revenons à l'Église…

« Oh ! quel plaisir, quel bonheur de se trouver entre frères et sœurs ! » disent les Psaumes.

Je pense à ce verset quand je vois des gens aux fesses serrées qui entrent dans l'Église, et en ressortent vite avec leur solitude. Seules les cloches sont joyeuses.

J'ai connu cette joie particulière à Paray-le-Monial. Quelle joie éclatante des jeunes à travers les prières, à travers des eucharisties très adaptées, à travers la fête, à travers les chants ! Quelle merveille de se baigner au milieu de cette foule de jeunes venus par milliers partager une jubilation très grande !

Une autre joie est celle qui habite le cœur des pauvres en esprit. Ce sont ceux qui restent fidèles. Le psalmiste dit : « Je me réjouis de Tes ordres comme celui qui trouve un grand butin. Que Tes ordres soient doux à Ton palais plus que le miel à ma bouche. Plus désirables les décisions du Seigneur que l'or et la quantité d'or fin, plus savoureuses que le miel nouveau. »

Ces paroles de la Bible sont magnifiques. « Dès que je trouvais Tes paroles, je les dévorais. Ta parole m'a réjoui, rendu profondément heureux. »

À trois mètres au-dessus du sol

Il ne s'agit pas de réciter à toute vitesse son bréviaire ou chanter ses Psaumes, mais de s'attarder sur une phrase et de la méditer. Ceux et celles qui méditent la Bible tous les jours savent le bonheur qu'ils y trouvent. Je ne dis pas cela pour tous les Psaumes. Il y en a de vengeurs ou d'insipides. Je zappe tout de suite. Mais souvent je trouve un superbe verset, une phrase vraiment extraordinaire qui correspond à ce que je ressens en mon for intérieur. Alors j'éprouve un choc, je monte à trois mètres au-dessus du sol…

Je marque un arrêt et je médite un moment.

L'âge de sa joie

De Gaulle disait de la vieillesse qu'elle était un naufrage. Tout dépend de ce qui dynamise un être. Si l'on se focalise sur chaque petit signe de vieillissement, évidemment on a toutes les raisons de déprimer. Le corps n'a plus vingt ans, il a perdu un peu de ses dents, de sa vue, de son ouïe, de son habileté physique, de sa vigueur… Mais pas de sa beauté (celle-là, intérieure) ! Une ancienne (séductrice) me disait pas plus tard qu'hier :

« Mon père, comme vous êtes beau ! »

(Il me suffit de regarder mes photos pour suggérer à cette sainte femme d'aller voir son oculiste !)

Le vieillissement du corps doit aussi nous mettre dans la joie. Nous devons le porter allègrement, parce que la joie n'a pas d'âge, et que l'on a l'âge de sa joie.

De sacrés conquérants

La joie dont parle Jésus est celle que l'on éprouve au milieu des insultes, des calomnies et des persécutions. Même si vous vivez dans la souffrance, dans les difficultés de toutes sortes, vous devez conserver la joie, c'est ce qu'il nous dit. Telle est la croix dévolue à tout chrétien.

La grande affaire de ces cinq dernières décennies, pour moi, a été de rencontrer des personnes blessées. Et inlassablement. C'est la joie de chacune de mes matinées, dès mon réveil. « Je vais rencontrer des personnes humaines. Fais, Seigneur, que je les aime, les écoute, les console », voilà ma prière quotidienne.

J'ai rencontré des gens rayonnants de joie et d'espérance, une fois qu'ils avaient surmonté leur douleur.

Acceptons le plaisir de réussir et la joie qui nous tombe dessus.

Se réjouir de la joie de son voisin

Quelle lutte pour chercher chez l'autre l'être de lumière enfoui dans un magma parfois peu attirant ! Quelle joie de voir des yeux s'illuminer quand on repère la part de cristal dans un être et qu'on la lui révèle.

Quand un jeune m'est confié par le juge, au début il me regarde de travers. Il se dit : « Qu'est-ce que c'est, ce curé ? » Un ou deux mois plus tard, il me regarde en face, et dans ses yeux je lis la confiance. Il sait enfin que quelqu'un l'aime. Je ressens alors une joie très profonde.

> *Être capable de trouver sa joie dans la joie de l'autre : voilà le secret du bonheur.*
>
> Georges Bernanos

La joie est comme un boomerang

Dieu aime celui qui donne avec joie. Un cœur joyeux est le résultat d'un cœur brûlant d'amour. Combien de vies manquées parce que repliées sur elles-mêmes ? Combien de vies réussies parce que pleines des autres, de leur cri, du partage de leurs joies et de leurs peines ?

N'ayez crainte, la gratification viendra sans que vous la cherchiez. Plus l'amour et le don aux autres sont purs, plus la joie revient comme un boomerang, ultime récompense de celui qui donne avec le sourire, sans rien attendre.

Vivez pleinement

Au lieu de vous écraser, les difficultés de la vie doivent être vos maîtres intérieurs : si vous les acceptez et les assumez, elles ne seront pas des handicaps.

Le monde a besoin de vous. Vivez avec le monde d'aujourd'hui. Le passé n'est pas meilleur que le présent, l'homme a toujours été débile, fou, et en même temps appelé à la sainteté. Arrêtez de dire que demain sera « apocalyptique ». Vivez aujourd'hui.

C'est le Seigneur qui nous l'a soufflé : « Donne-moi aujourd'hui le pain du jour. » Le meilleur moment de votre vie, c'est aujourd'hui.

Je ne le répéterai jamais assez : il faut vivre pleinement ses vingt-quatre heures, s'investir, donner tout l'amour possible. J'ajoute cette formule que j'aime bien et que je cultive : « Vis de telle façon qu'à ta seule façon de vivre, on pense impossible que Dieu n'existe pas. »

Le don

Un jour une femme très bien habillée frappe à la porte de la permanence. Je la fais attendre un peu en maugréant : « Encore une qui va me donner vingt euros pour un bouquin dédicacé. » Puis je la reçois dans mon bureau, elle commence à me parler et je n'ai plus envie de l'arrêter.

Plus elle s'exprime, plus la joie l'illumine : « Voilà, mon père, j'ai longtemps cru que le bonheur, c'était d'acheter. Je suis rentrée un jour de vacances et j'ai trouvé la porte défoncée, l'appartement pillé. Je n'ai eu qu'une pensée : "Pourvu qu'ils n'aient pas pris le bracelet en or serti de diamants", parce qu'il appartenait à mon arrière-grand-mère.

« J'ai fouillé dans l'appartement et je l'ai trouvé ! Heureusement, mes petits-enfants l'avaient peint et les voleurs n'ont pas imaginé qu'il avait de la valeur.

« Je suis venue vous donner ce bracelet, pour que des enfants aient le bonheur de vivre dans votre ferme en Provence. »

Cette dame s'appelait Madeleine, comme ma mère.

Sensualité de l'Évangile

Le prêtre belge Gabriel Ringlet a eu cette très belle pensée : « Qui n'a pas compris que l'Évangile était une bouche, une oreille, un nez, des yeux, des mains… ne mesure pas en quoi il affole les sens et met tout à l'envers. Car l'Évangile saisit l'homme par les pieds plus que par la tête. […] Dans l'Évangile, l'invisible passe par le sensible, par un souffle, une haleine, une sueur, une odeur… Entrer dans l'Évangile, c'est voir des cheveux, des bandelettes, une paillasse, une cruche, un suaire… C'est admirer des moissons qui blanchissent et entendre tomber deux piécettes dans un tronc. C'est croiser un blessé sur la route, une femme au bord d'un puits, des marchands, des paysans, des pêcheurs, des collecteurs. C'est regarder fleurir un amandier et se dessécher un figuier, sentir l'huile, respirer le parfum, enfoncer du levain dans une pâte, saler un champ, cuire du pain, verser du vin. [...] L'Évangile est une sensualité. »

La joie, c'est le pardon

La joie est la guérison profonde de la mémoire. La joie, c'est le pardon. Je connais des gens qui ont pardonné après des années de rancunes et de haines. Quelle joie vivent-ils alors ! Les écueils de la joie, c'est de baisser les bras après un échec, de se sentir impuissant à la suite d'une faute, et surtout de perdre confiance en un Dieu qui s'occupe de chacun de ses enfants. La cause majeure de la disparition de toute joie est le découragement.

Sachez que pas un oiseau ne tombe d'un toit sans que Dieu ne s'en soucie ! Il nous l'a promis.

La joie de la louange est assez nouvelle dans l'Église. Être en état de louange est très beau. Cela consiste à louer Dieu en quelque situation que l'on se trouve. Louons Dieu et Il nous apportera la joie.

La route du bonheur, c'est l'année liturgique : l'avent est le temps de la pénitence qui nous amène à Noël, le carême celui qui nous conduit à Pâques. L'année liturgique est faite de joies !

J'ai aimé cette formule d'absolution que m'a offerte un jour un moine : « Reçois, Guy, le pardon de Dieu. Reçois sa joie et sa tendresse. »

Comment, alors, ne pas reprendre dans l'allégresse le sentier escarpé de mon dur quotidien ?

CONCLUSION

Mes joies de prêtre

Les jeunes des JMJ étaient serrés comme des sardines dans un immense escalier, au pied d'une église romaine. Ils attendaient l'enseignement programmé.

« Guy, dis-nous ta joie d'être prêtre ! » lance un adolescent stoppant brutalement mon prêche.

Sans doute, pour ce môme, ce haut lieu du rassemblement des jeunes du monde suscitait-il en lui l'espérance joyeuse que des prêtres lui avaient communiquée. Il voulait l'entendre de ma propre bouche.

Que j'ai aimé lui dire ma joie d'être prêtre !

J'ai expliqué mon appel précis, irrévocable dès l'âge de treize ans. Rien ne me préparait à cette mission. Sauf l'amour de mes parents.

Je lui ai dit comment cette préparation, longue et ardue, m'a amené à affirmer sans retour, entre les mains de mon évêque, seize ans après :

« OK ! Je marche avec toi, là où tu me diras le chemin. »

Je lui ai précisé notre vigilance et notre attention aux signes qui jalonnent notre route. On pense jeter toutes nos forces pour labourer un terrain. L'Église nous appelle souvent vers d'autres pâturages, pour d'autres semailles.

Donner tout à Dieu, joyeusement, quotidiennement. Obéir parfois dans un total brouillard. Ne s'attacher à rien d'autre qu'à la grandeur de sa mission.

« Seule, la puissance de la prière rend alors le prêtre apte à aborder tous les terrains. »

Vingt centimètres pour célébrer

Dans une paroisse suisse, il m'est arrivé ceci de très symbolique : j'ai animé une conférence laïque et une messe. Il neigeait et la porte de l'église était grande ouverte. De l'autel j'apercevais le paysage blanc. Il y avait un monde fou dans l'édifice de six cents places. Pour aller de la sacristie à l'autel les douze prêtres et moi avons dû enjamber des dizaines de jeunes, pendant dix minutes. Le chœur était immense. Arriva le moment de la communion : il nous aurait fallu au minimum un hélicoptère. De retour à l'autel, je m'aperçus qu'il y avait trois jeunes assis dans le fauteuil présidentiel. Même si je n'ai pas de grosses fesses, il ne me restait plus de place pour m'asseoir. Deux cents jeunes occupaient le chœur. Le merveilleux de l'histoire, c'est que devant l'autel, sur le sol, il restait vingt centimètres de libres, juste ce qu'il fallait pour mes deux pieds. Personne ne peut remplacer le vagabond de l'amour qu'est le prêtre. Voilà quelle était ma place. Je ne sais pas si les jeunes présents ce jour-là l'avaient fait exprès, mais j'ai trouvé ce moment absolument magnifique.

Être prêtre n'est pas un métier, c'est une folle aventure

Je ne dis pas que le prêtre aime plus que celui ou celle qui vit en couple, il n'est pas plus grand qu'un laïc, qu'un athée ou qu'un musulman. C'est un humain comme un autre. Mais il a la charge d'une mission extraordinaire.

Aucune autre religion n'offre à quelqu'un la possibilité de faire descendre le Fils de Dieu dans ses mains nues. C'est la raison pour laquelle le prêtre fascine les gens.

Après cinquante-cinq ans de sacerdoce, plus que jamais je me dis que je ne pouvais pas faire autre chose de ma vie. C'est merveilleux pour moi de me lever le matin et de penser que je vais offrir de l'amour comme humain, comme chrétien, comme prêtre. Le soir, je dis : « Seigneur, je n'ai pas assez aimé, Tu Te démerdes maintenant à réparer les dégâts de la journée. »

Bénir : la joie du prêtre

Saint Pierre, dans son épître, nous dit : « Bénissez, bénissez toute personne », car le Christ le faisait. Il bénissait les enfants avec une infinie tendresse, les malades, les souffrants, les pécheurs…

Le saint curé d'Ars recommandait : « Bénissez inlassablement. » Je le fais depuis toujours, avec grande joie. Bénir les médailles, les croix, les voitures, les maisons, les anciens…

Le prêtre a cette grâce, au nom du Seigneur. Mais chaque chrétien a cette grâce aussi.

Une année, à Porcaro, j'étais invité à célébrer la messe avec vingt mille motards réunis en Bretagne. Peuple immense. Ce rassemblement, qui date de quarante ans, est particulièrement remarquable. Le soir précédent, une veillée de prière et la procession de la madone des motards sont suivies par un peuple hétéroclite. Beaucoup ne sont pas des habitués de l'Église, mais ils participent à la longue procession aux flambeaux avec ferveur en récitant le chapelet.

Le lendemain, la messe est dite sur la prairie. Des motos innombrables ceinturent le peuple qui assiste à l'eucharistie. Silence étonnant de ce monde de motards, pour lequel il faut adapter la liturgie romaine. La messe terminée, huit prêtres qui se relaient bénissent chaque moto et ses conducteurs ! Vingt mille motards ! Y a du boulot…

Les quatre heures de bénédiction sont une grâce immense pour les prêtres et cet étrange peuple. Beaucoup sont tatoués. Certains motifs révèlent parfaitement les longs séjours en prison de quelques-uns. Aucun motard ne rate le coup de goupillon. Après avoir versé l'eau bénite sur la moto, il faut bénir chaque occupant, gosse compris, juché sur la lourde machine.

Ajoutez les médailles, les croix… et le clébard adoré lové sur le véhicule, et vous saurez le tour de force que nous, prêtres, accomplissons pour remplir cette tâche recommandée par le curé d'Ars et adaptée au temps d'aujourd'hui. J'ai puisé une grande joie dans ce peuple pétaradant assemblé pour la cérémonie.

Bénir au nom de Dieu, c'est transmettre la grâce de Dieu et Sa force, c'est aussi affirmer le Christ dans sa vie terrestre et divine. Le Christ, s'il était venu plus tard sauver l'humanité, aurait peut-être adopté une Harley-Davidson pour parcourir la Palestine !

La Trinité est à l'œuvre partout à travers le signe de la croix.

Bénissons inlassablement.

Les sourires de Dieu dans mon quotidien

L'humour est un formidable moyen de communiquer. Lorsqu'on sait rire et faire rire, on transmet des messages. Si on est trop sérieux, rien ne passe. L'humour permet de prendre de la distance.

Humour et amour, dans ma vie, se rejoignent sans cesse. Donner ma peau pour ce peuple des rues de Paris est mon exigence première. Mais la donner en riant est, pour moi, la deuxième exigence.

Je ne dirai jamais assez combien mes équipes successives me sont vitales dans cette lutte. Par leur regard, elles m'ont toujours fait faire des bonds en avant. Si elles me prennent au sérieux quand il le faut, elles ont assez de réserve d'humour pour m'aider à briser une image dangereuse, que les médias, mes livres et les conférences construisent sur ma route.

L'humour est un outil indispensable. Un rire peut faire éclater un conflit comme une bulle de savon. Au cours d'une émission de télévision belge à laquelle je participais, je me souviens qu'un homme s'acharnait sur Jean-Paul II. Il lui trouvait des poux dans la tête, des morbaks à chaque tour de phrase. Ulcéré, je le défendais pied à pied, puis, lassé, je finis par la fermer… jusqu'à ce qu'une idée surgisse : « Pourrais-tu me donner, lui dis-je, une seule qualité de notre pape ? Une seule ! Cet homme n'est pas tout noir, il doit bien avoir quelque qualité secrète ! »

Déstabilisé, il en trouva une, puis… une autre. D'un seul coup, faute de combattants, le combat cessa.

Une colombe blanche était passée.

À propos de mon look

L'humour peut parfois répondre à la peur. Du jour où je me suis acheté un blouson noir, tenue fort peu ecclésiastique, j'ai pu apprécier le regard des autres. Parfois apeuré.

Un jour, je prends le métro et m'assois à la seule place libre à côté d'une dame d'un certain âge occupée à lire tranquillement. Elle s'aperçoit de ma présence et met immédiatement, d'un geste vif, son sac à main de l'autre côté.

« T'inquiète pas, la vieille, je lui décoche, je ne suis pas venu te faire ton sac à main ! »

Les lèvres pincées, elle dédaigne de me répondre. Je jette alors un œil sur le livre qu'elle lisait. C'était justement *Un prêtre chez les loubards* !

« Intéressante lecture... », lui dis-je.

L'ancienne grommelle, excédée, et se replonge dans « mon » bouquin. J'enchaîne :

« Très bonne lecture !

– Qu'est-ce que vous en savez ? me demande-t-elle, toujours aussi revêche.

– C'est moi qui l'ai écrit... », lui dis-je d'une petite voix. Elle regarde la couverture de son livre, me fixe, me reconnaît, s'excuse, et me lance en éclatant de rire :

« Vous faisiez plus jeune sur la photo ! »

Elle replace son sac à main de mon côté et nous babillons tout le reste du trajet.

« Vous êtes malfaisant »

« Vous n'êtes qu'un salaud de mauvaise foi, ou tout simplement un imbécile. De toute façon, vous êtes malfaisant. Et puis, coupez donc votre ridicule tignasse. Elle ne ressemble en rien aux longs, beaux et propres cheveux d'un Jésus-Christ que vous représentez si mal ! » C'était une parmi les sept cent trois lettres reçues après ma prestation télévisée chez Bernard Pivot en 1978. J'ai répondu sur-le-champ. Priorité absolue à l'humour face à cette correspondante échevelée : « Chère Madame, merci de votre lettre particulièrement "amicale" ; une précision cependant : puisque vous me semblez, deux mille ans après, si bien renseignée sur la propreté des cheveux de Jésus-Christ, pourriez-vous d'urgence m'indiquer la marque du shampooing qu'il utilisait ? »

La dame repentie m'envoya cent francs pour le shampooing d'abord, et pour mes œuvres ensuite…

Elle a continué de me donner quinze euros pour le shampooing durant plus d'une dizaine d'années.

Du tac au tac…

En retard, je fonce avec un mec sur ma moto vers la prison de Fleury, à cent soixante kilomètres à l'heure. Repéré par des policiers, je suis stoppé cinq cents mètres plus loin. Le policier, courtois, m'annonce l'infraction, avec ce commentaire :

« À cette vitesse-là, vous risquez d'aller rapidement rejoindre vos ancêtres.

– N'ayez aucune inquiétude : Jésus-Christ est toujours avec moi !

– Double infraction, alors, puisque vous êtes trois sur la moto ! » me répond du tac au tac le policier.

Ravi de sa plaisanterie, après un rapide dialogue qui lui fait comprendre la raison de mon excès de vitesse, il me donne… l'absolution.

Le sacrement du baptême

Ce sacrement prioritaire pour un chrétien, je le donne avec joie, mais cette démarche est souvent marquée par des obstacles qu'il me faut surmonter.

Je reçois des mails nombreux pour m'indiquer que des prêtres refusent de donner ce sacrement à des personnes qui demandent le baptême, ces derniers me pressent et réclament de passer outre.

Je refuse de contrer la décision des prêtres qui ont leurs motivations souvent justes.

Parfois j'accepte en associant le curé à mon action.

Les jeunes dont j'ai la charge ont grande difficulté à faire la démarche de préparation au baptême quand ils veulent recevoir, hélas trop rarement, ce sacrement. Trop longue et surtout inaudible, vu leur passé peu religieux. Je prépare les parents moi-même et baptise le gosse à la grande joie des parents. Parfois, cas exceptionnel, je fais un baptême accéléré.

Un jeune ancien veut que je baptise son gosse. Ils avaient souvent assisté à la messe que je célèbre à Rougon quand ils étaient avec nous. Croyant qu'il était baptisé je lui demande son certificat. Je ne reçois rien. Le jour du baptême j'apprends qu'il n'est pas baptisé. Je demande à sa femme si elle l'est. Elle me répond « non ». Mais elle ajoute : « Je voulais tant l'être. Ma famille d'accueil a refusé que je le fasse et que j'aille au catéchisme. » Je décide, un quart d'heure avant la cérémonie, de l'« ondoyer », c'est-à-dire un baptême express à la mère.

Deux de mes adjoints chrétiens sont les parrain et marraine du gosse. Le baptême était pour eux important. Les règles de l'Église sont sauves.

Un autre cas récent.Une femme vient me voir pour le baptême de sa fille. Elle exige une date précise. Je lui demande pourquoi. Réponse : « Tu m'as baptisée il y a vingt ans ce même jour. » Je lui demande si elle a pratiqué durant cette longue période. « Oui, aux enterrements », est sa réponse. Je baptise quand même sa fille vivant dans un petit village où le curé a onze paroisses. J'imagine les difficultés pour elle de suivre la préparation habituelle du baptême. On en discute ensemble évidemment.

Sacrement des malades

Les curés ont tous un téléphone mais souvent à partir de 21 heures l'enregistreur prend le relais. C'est à 3 heures du matin que j'arrête le mien. J'ai eu parfois, la nuit bien avancée, des appels pour donner l'extrême-onction. Bien sûr dans Paris ou les banlieues proches, je le fais avec joie.

Écoutez cette histoire plaisante et déjà racontée.

Je vais visiter un vieil homme couché depuis un mois. Court échange avec lui. Puis d'un seul coup il me dit: « Donne-moi l'extrême-onction ». N'ayant pas d'huile sainte sur moi, je bénis un peu d'huile d'olive et lui donne ce sacrement. Il se lève le lendemain et court cueillir des champignons. Puis il passe deux ans à vaquer à ses occupations. Il m'appelle à l'article de la mort. À huit cents kilomètres de lui je lui dis ma prière forte.

Le sacrement des malades a le pouvoir de donner la paix, parfois aussi une rémission à la maladie.

Le sacrement du mariage

Deux tourtereaux veulent que je les marie. Je les vois toujours un moment pour échanger avec eux. Si je sens qu'ils vivent un amour très neuf je les fais patienter. S'ajoute parfois la poussée manifeste des parents, souvent l'arrivée d'un gosse. Enfin des raisons pour moi de les faire attendre. Le mariage religieux a très peu de sens pour eux. Je décide alors s'ils sont toujours demandeurs de faire une cérémonie de bénédiction.

Pas en douce, mais une belle fête dans l'église avec leur famille. Je ne leur pose pas les quatre conditions du mariage religieux. En plus, durant la cérémonie, je baptise le gosse qu'ils ont eu. Je dis à l'assemblée que je n'ai pas marié sacramentellement mais béni le couple que j'appelle à revenir s'il veut le sacrement. Un seul couple est revenu recevoir le sacrement du mariage. Maints prêtres m'ont confié un taux de divorces alarmant après les mariages sacramentels qu'ils avaient célébrés. Je les invite à réfléchir. Pourquoi pas une belle bénédiction qui leur enlèverait les remords d'avoir marié sacramentellement ? Et inviter les amoureux à bûcher leur foi pour savoir vraiment la force du mariage religieux. Pour peut-être les revoir pour le sacrement bûché, prié, où Dieu a une place centrale.

Les jeunes de Faucon veulent assister toujours aux cérémonies que je fais à la paroisse de Rougon. Sauf les enterrements. C'est chaque fois eux qui désirent m'accompagner. D'où parfois, des années après, leur désir de baptiser leur gosse ou de se marier à l'église. Pas pour les faire entrer dans la religion catholique mais pour être dans cette société, reconnus officiellement. C'est leur désir. Il me faut composer avec la liturgie très stricte de l'Église. Et la joie de leur accorder ce qu'ils souhaitent tout en reconnaissant le bonheur des pauvres qui sont les premiers dans le royaume de Dieu.

Je sais trop, depuis que je les connais, qu'ils sont sur terre les pauvres que l'Église se tord les entrailles à reconnaître. Mais qu'ils sont vraiment les pauvres que le Christ aimerait plus que tout en esprit et en vérité.

L'amitié divine

Nous devons vivre d'abord l'amitié du Christ. C'est la joie principale du prêtre. Amitié humaine et divine. Nous devons revenir par la prière au Père. La prière est une douce amitié.

Un jeune me disait un jour : « Le véritable enfer, c'est l'absence d'amour et d'amitié. »

Je lui ai répondu : « Oui, l'enfer c'est aussi souvent les autres qui n'ont pas su te donner l'amour que tu attendais. »

Quel regard devons-nous porter sur les autres ? Il faut ouvrir les yeux et voir les visages qui sont devant nous. Regarder les richesses à travers un visage. Regarder avec un tel amour que l'autre se sente aimé. C'est pourquoi le prêtre s'offre complètement, totalement, à l'autre.

C'est au contact intime de la fragilité et de la faiblesse des exclus que nous puisons toujours notre force d'âme et, au fond, notre raison d'être.

Mettez l'Eucharistie dans votre vie, aimez-la, adorez-la, célébrez-la

Faire l'Eucharistie est une aventure indescriptible. Entrer « dedans » en est une autre, fabuleuse, inouïe, incommunicable. Je précise bien que mon travail social d'éducateur spécialisé n'est pas ma priorité. C'est ma façon humaine de dire Dieu.

J'ai ajouté que la plus belle prédication d'un prêtre est celle qui fait descendre l'Amour dans ses mains nues. S'il le vit vraiment, cela se verra, cela se sentira. Sinon, à quoi bon pleurer sur le manque de vocations, si les ministres qui font descendre l'Amour n'en donnent pas l'appétit irrésistible ?

Dire notre joie d'être prêtres peut être autrement plus convaincant que de prédire, avec le catastrophisme habituel, des églises vides faute de pasteurs. Sujet rebattu jusqu'à l'overdose dans l'Église actuelle.

Les mots qui jailliront du cœur d'un prêtre pour dire humblement ses échecs, son labeur inlassable et sa joyeuse espérance, sèmeront autrement plus large et plus profond.

Sans oublier, bien sûr, la supplication inlassable que Dieu envoie des ouvriers pour sa moisson.

Quand on me demande quelle est la plus belle chose que j'ai vécue, je réponds toujours : « La plus grande joie de ma vie est de célébrer l'Eucharistie. »

Récapitulatif des conseils

• Bougez-vous, prenez l'air : faites de la marche au moins trente minutes par jour.

• Cultivez l'égalité d'humeur.

• Soyez indulgents envers vous-même, pratiquez la douceur.

• Face au tumulte du monde, priez. Savourez le silence et le recueillement dans la prière.

• Emplissez votre vie de temps pour vous-même et de solitude.

• Pratiquez la théologie des vingt-quatre heures : vivez le moment présent ! Vous noyer dans le passé ou vous projeter dans l'avenir n'est source que de remords, regrets et tristesse.

• N'oubliez pas que la joie est féconde : partagez vos moments de joie avec vos proches.

• Prenez vos distances avec l'argent et le profit. Ils n'apportent que rancœur, méchanceté et tristesse.

• Développez vos sens : le goût, l'odorat, le toucher sont vecteurs de joie profonde.

• Sachez accepter la joie lorsqu'elle se présente à vous : ouvrez les yeux, ouvrez votre cœur.

• Prenez le temps de contempler le monde, d'être ébloui par la nature.

• Partout où vous allez, cultivez l'amour, l'amour de l'autre, l'amour de Dieu.

• Il faut apprendre à accueillir les épreuves de la vie avec joie : elles développent la persévérance.

• Décentrez-vous de vous-même : allez à la rencontre des autres, donnez de votre temps. La joie est un boomerang !

• Prenez le temps de méditer les textes de la Bible, surtout en période de doute : ils sont source d'élévation personnelle et de bonheur profond.

• Réjouissez-vous avec vos voisins et vos proches ! La joie est plus pure lorsqu'elle est partagée.

• Pratiquez le pardon : la joie, c'est le pardon.

Bibliographie

ANDRÉ Christophe, *De l'art du bonheur*, L'Iconoclaste, 2010.

DE WAILLY Philippe, *Ces animaux qui nous guérissent*, Alphée, 2009.

GRÜN Anselm, *Se pardonner à soi-même*, Desclée de Brouwer, 2003.

JANSSEN Thierry, *La solution intérieure. Vers une nouvelle médecine du corps et de l'esprit*, Pocket, 2007.

LENOIR Frédéric, *La puissance de la joie*, Fayard, 2015.

LUBICH Chiara, *Vivre l'instant présent*, Nouvelle cité, 2002.

MARTIN Jean-Marie, *Qu'éclate la joie des passereaux. Ode contemplative*, Saint-Léger Éditions, 2017.

Mère Teresa, *La joie du don*, Le Seuil, 1997.

Nabati Moussa, *Le bonheur d'être soi*, Le Livre de Poche, 2008.

Peale Norman Vincent, *La puissance de la pensée positive*, Marabout, 2007.

Steffens Martin, *Petit traité de la joie. Consentir à la vie*, Salvator, 2011.

Timbal Nicole, *La prière, chemin de joie*, Éditions des Béatitudes, 2007.

Table

Du même auteur (suite)

Aux éditions Stock

(repris au Livre de Poche)
Un prêtre chez les loubards
La rue est mon église
Des jeunes y entrent, des fauves en sortent
L'Espérance aux mains nues
Aventurier de l'Amour
Avec mon aube et mes santiags
Les petits pas de l'Amour
Jusqu'au bout!
Dieu mon premier Amour
Des loups dans la Bergerie
Dealer d'Amour
Passeurs de l'impossible
Ma religion, c'est l'Amour
Kamikaze de l'espérance
Et si je me confessais

Aux éditions Salvator

(repris chez J'ai Lu)
Cris de jeunes

Aux éditions des Béatitudes

Chemin de croix
Le plus bel album de famille: le rosaire
Les mystères lumineux du rosaire

Aux éditions du Livre ouvert

La violence... un appel?
Lutte, prie et aime

Aux éditions Coccinelle

(bandes dessinées)
Aimer à tout casser
Des loups à Faucon

Cet ouvrage a été achevé d'imprimer
en mai 2020 dans les ateliers de
Black Print

Dépôt légal : juin 2020
ISBN : 978-2-84876-816-8
Imprimé en Espagne